ISBN - 978-0-9917887-9-8

I0105506

deuxième édition

Ce livre est consacré à mes parents adorés Elizabeth et Thomas.

Un grand merci à Angel Brkic dont les talents artistiques ont mis ces mots à la vie. Je suis tellement reconnaissant pour l'amour et le soutien de mon cher mari Barry et de toute ma famille et mes amis qui m'ont encouragé en cours de route.

Matlox publishing

Lizzy, Victoria, et Tommy rentraient de l'école et parlaient de Liam, un garçon de leur classe qui était méchant avec beaucoup d'enfants.

Tommy a dit: "il est vraiment méchant avec Suzy." Quand Tommy a dit ça, Suzy s'est enfuie en pleurant, alors que Liam courait après elle, la chassant chez elle.

Victoria a dit: "Liam nous harcèle beaucoup du temps, voyez-vous à quel point il est malheureux?" Pensons à un moyen de l'aider pour qu'il ne veuille plus intimider personne.

Ce soir-là, après que Lizzy avait fini de souper, son ami Suzy l'appela. Elle pleurait et disait qu'elle ne voulait pas retourner à l'école parce que Liam était si méchante avec elle et qu'elle avait peur de lui. Lizzy essayait de conforter Suzy le mieux possible.

Lizzy était assise sur son lit et pensait à ce qu'elle pouvait faire pour aider Suzy.

Le lendemain à l'école Lizzy a dit à Tommy et à Victoria qu'elle avait une idée qui pourrait arrêter Liam de l'intimidation. Tommy et Victoria ont tous deux convenu que c'était une bonne idée.

Lizzy a parlé au professeur au sujet du plan qu'elle avait et l'enseignant a adoré.

Lizzy se leva et dit: «je veux faire trois belles choses pour quelqu'un et puis je vais choisir un autre ami pour faire trois belles choses pour quelqu'un d'autre et puis ils choisissent un ami pour faire trois belles choses jusqu'à ce que tout le monde dans la classe a fait trois belles choses pour quelqu'un d'autre.»
De cette façon, nous pouvons montrer la bonté tous les jours.

Quand Lizzy a fini d'expliquer le plan de bonté, Liam a crié "c'est tellement stupide, tout comme vous Lizzy" et puis il rit et secoua la tête.

Eh bien, Liam Lizzy a déclaré: "Tu es le premier ami que je veux choisir de faire trois choses gentilles pour quelqu'un aujourd'hui".

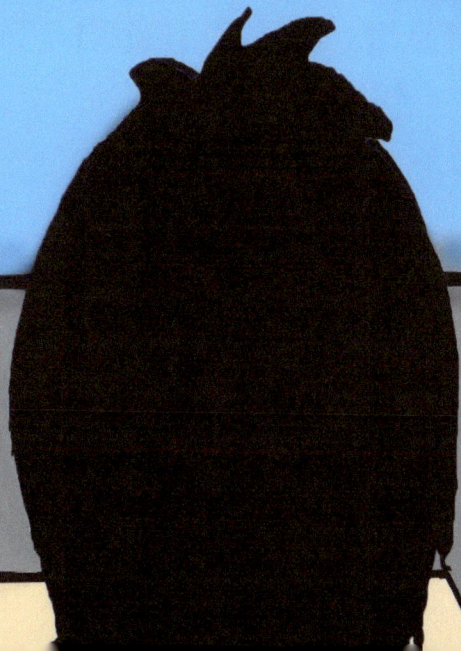

Liam semblait surpris en disant: «Je ne peux pas croire que tu m'as appelé ton ami et que tu m'as choisi d'abord.

"Oui", a déclaré Lizzy. Je sais que vous serez très bon à cela parce que vous avez un cœur aimable. Liam sourit et dit: «Merci.» Je vais le faire.

Liam regarda autour de la salle et dit: «la première chose que je vais faire est de dire que je suis désolé pour toutes les choses méchantes que j'ai dit et ont fait à vous tous. » Voulez-vous me pardonner?

La classe semblait étonné comme un chœur de "Oui nous vous pardonnons Liam" a sonné. Puis Liam se tourna et dit: «Merci Lizzy de m'avoir appelé votre ami et de me choisir en premier.»
Personne n'a jamais fait cela avant et je pensais que personne ne se souciait de moi.

La prochaine chose que Liam a fait était de donner tous les enfants dans la classe un câlin. Quand il a vu Suzy, il a dit: "je veux être ton ami." Suzy sourit et dit: «"je veux que aussi"»

ABCDEFGHIJKLMNOPQRSTUVWXYZ

Puis le professeur a dit: «Merci Lizzy c'était une idée merveilleuse.» Il y a tellement de choses que nous pouvons faire pour montrer de la gentillesse aux autres tous les jours. Rappelez-vous toujours que nos paroles aimables ou un sourire peuvent changer les gens, même les agresseurs.

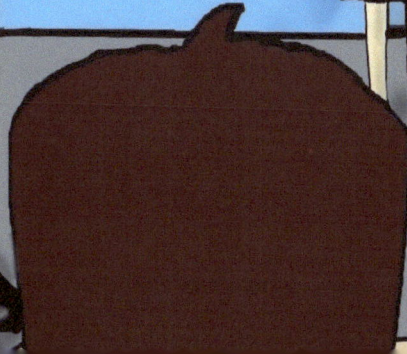

www.ingramcontent.com/pod-product-compliance
Lightning Source LLC
Chambersburg PA
CBHW040232070426
42447CB00030B/156